I0554678

Prophète Mohammed

Que la paix soit sur Lui

Un résumé de l'histoire du dernier et ultime prophète de Dieu, de sa naissance à sa mort

The Sincere Seeker

Table des matières

Introduction aux Messagers et Prophètes que Dieu nous envoie et pourquoi nous devons étudier la vie du Prophète Mohammed, la paix soit sur lui

Comment pourrait-on définir son rôle et le but de sa vie sans recevoir des instructions claires et pratiques sur ce que Dieu veut et attend de nous ? C'est là qu'intervient précisément le besoin de prophétie. En effet, Dieu a envoyé des milliers de Messagers et de Prophètes à l'humanité pour transmettre Son Message et communiquer avec nous. Chaque nation sur Terre a reçu un Prophète. Ils ont tous prêché le même et unique Message, celui qu'il n'existe qu'une seule déité digne d'être adorée. Il est le Seul et Unique Dieu, sans partenaire, fils, fille ou égal. Dieu a envoyé des Messagers et des Prophètes pour amener l'humanité à ne plus adorer leurs créations et à louer leur Créateur, le Maître de tout. Les prophètes sont venus informer leur peuple de qui est leur Créateur, comment développer une relation avec Lui et comment Lui vouer un véritable amour. Les prophètes ont ainsi expliqué à leur peuple que la vie n'est qu'un test, où ceux qui réussissent entreront au Paradis pour l'éternité, et ceux qui échouent connaîtront le châtiment ultime dans l'au-delà.

Par Sa Miséricorde et Son Amour Infinis, Dieu continuait à envoyer des Messagers avec des Livres sacrés pour guider l'humanité - en commençant par le Prophète Adam, puis Nouh, Ibrahim, Ismaël, Yaacoub, Moussa, le Prophète Issa et le Prophète Mohammed, que la paix soit avec eux tous. Plusieurs des Prophètes sont présents dans les traditions juives et chrétiennes. Tous les Messagers et Livres

1

précédents hormis le Saint Coran et le Prophète Mohammed n'ont été envoyés qu'à un groupe spécifique de personnes et n'étaient destinés à être suivis que pendant une période donnée. Par exemple, le prophète Issa, la paix soit sur lui, était l'un des plus puissants messagers de Dieu, qui a été envoyé avec le même message universel que tous les prophètes précédents, mais il n'a été envoyé qu'aux Bene Israël - la nation qui a vécu avant nous - comme leur dernier prophète, puisqu'ils avaient désobéi aux commandements de Dieu et s'étaient éloignés des lois établies par le messager précédent, Moussa, la paix soit sur lui.

Chaque fois que Dieu envoyait des Messagers avec une Révélation, après leur passage, les peuples déformaient et modifiaient les Révélations de Dieu. Ce qui était une pure Révélation de Dieu - serait ainsi entaché de mythes, de propos humains, de superstitions, d'idéologies philosophiques irrationnelles et d'adoration d'idoles. La religion de Dieu se perdit dans une pléiade de religions. Ainsi, comme le prophète Issa, la paix soit sur lui, a été envoyé pour corriger le message précédent envoyé avant lui par le messager précédent, Moussa, la paix soit sur lui. Le Prophète Mohammed est venu reprendre le Message du Prophète Issa puisque ce message avait été déformé par ses adeptes et n'avait pas été préservé dans sa version originale.

Au moment où l'humanité vivait une période extrêmement sombre, Dieu le Tout-Puissant envoya son dernier et ultime Messager à l'humanité, le Prophète Mohammed, la paix soit avec lui, et son ultime Révélation, le Saint Coran, pour sauver l'humanité. Le Saint Coran et le dernier Messager, la paix soit sur lui, reprenaient tout ce qui avait été révélé à tous les Messagers précédents dans le passé. Contrairement aux Messagers et aux Livres précédents, le Prophète Mohammed, la paix soit sur lui, a été envoyé à l'ensemble de l'humanité, et il n'y aura pas de Messager ou de Prophète après lui, ni de Livre après le Saint Coran, dans la mesure où tous deux sont destinés à être suivis par tous les peuples, et non pas par un groupe particulier de personnes ou une période particulière ; tous deux sont destinés à être suivis par tous jusqu'à la fin des temps.

Prophète Mohammed - Un résumé de l'histoire du dernier et ultime prophète de Dieu a pour mission de présenter la vie du prophète

Mohammed, la paix soit sur lui, en s'appuyant sur les premières sources islamiques, de vous aider à mieux comprendre qui était le prophète Mohammed, paix soit sur lui, et de vous inspirer un amour pour lui. Étudier l'histoire et la vie du prophète Mohammed, la paix soit sur lui, est la meilleure approche pour cultiver cet amour pour notre Prophète. Étudier la vie du Prophète Mohammed, paix soit sur lui, est une obligation imposée par notre Créateur et nous aide à mieux comprendre le dernier Livre de Dieu, le Saint Coran, et son contexte. Nous étudions la vie de notre dernier Prophète pour en tirer des leçons et des morales qui nous aideraient à mieux vivre nos vies. Dieu l'a envoyé comme le modèle parfait pour nous, celui qui a enseigné et fait preuve de moralité et du plus haut degré de caractère que l'on puisse avoir. Nous apprenons à le connaître, afin de pouvoir suivre ses conseils et l'imiter pour nous améliorer et nous rapprocher de Dieu.

Ainsi, pour être juste envers Dieu, Sa religion et vous-même, votre opinion de l'islam, du Saint Coran et du prophète Mohammed, la paix soit sur lui, ne doit être formée qu'après une étude minutieuse des sources islamiques - le Saint Coran et les Hadiths - les paroles du prophète Mohammed, la paix soit sur lui, et non des médias ou de sources tierces d'origine non musulmane.

La Terre de La Mecque envahie par les idoles et le culte des idoles

Le prophète Mohammed, la paix soit sur lui, est né à la Mecque en l'an de l'Éléphant. La Mecque abrite la Kaaba, la première maison de culte érigée sur Terre par le prophète Ibrahim et son fils Ismaël, la paix soit sur eux. Alors qu'ils construisaient tous deux la Kaaba, le prophète Ibrahim, la paix soit sur lui, adressa une prière à Dieu Lui demandant d'envoyer un prophète dans la descendance de son fils Ismaël, qui leur rappellera les signes (versets) de Dieu, leur transmettra son Livre et sa Sagesse ainsi que les purifiera. Cette prière fut satisfaite le jour où Dieu envoya le Prophète Mohammed, la paix soit sur lui, comme Son dernier et ultime Messager, lui-même issu de la progéniture de son fils Ismaël, la paix soit sur lui.

Avant que le prophète Muhammad ne devienne un prophète, plusieurs habitants de la Mecque adoraient des idoles et croyaient que les idoles avaient le pouvoir d'intercéder pour eux. Ce fut une époque marquée par l'ignorance, la déraison et l'aberration. En effet, à l'époque, l'Arabie était une nation arriérée ne disposant pas d'infrastructures, de monuments, d'une grande civilisation, ni d'un gouvernement unifié ou d'un ordre public. Ils n'avaient pas non plus de littérature écrite, et beaucoup ne savaient ni lire ni écrire. Ils avaient transformé la Kaaba, qui était dédiée et édifiée au culte du seul véritable Dieu, Allah, le Glorieux, en un lieu d'adoration d'idoles.

L'ange Jibril ouvre la poitrine du prophète Mohammed et lave son cœur

Malheureusement, le père du prophète Mohammed décéda avant sa naissance, et celui-ci fut élevé par sa mère. À l'époque, il était de coutume pour les Arabes vivant en ville d'envoyer leurs jeunes garçons dans le désert pour y vivre avec une nourrice et une tribu bédouine pendant quelques années, afin qu'ils puissent devenir plus robustes et en meilleure santé dans ce climat difficile, qu'ils apprennent les secrets du désert, qu'ils apprennent de leurs coutumes, ce qui représentait en quelque sorte un retour aux sources. Initialement, personne ne voulait prendre le Prophète Mohammed, la paix soit sur lui, comme enfant à allaiter puisqu'il était orphelin et qu'ils ne recevraient pas beaucoup d'argent de lui. Alors la mère du Prophète Mohammed, Aminah, a fini par envoyer son enfant vivre avec une pauvre dame du nom de Halima et son mari pour passer quelques années environ dans le désert. Aussitôt que ces derniers accueillirent le prophète Mohammed, la paix soit sur lui, ils commencèrent à observer des miracles autour d'eux. Leur vieille chèvre qui avait cessé de donner du lait il y a quelque temps s'est remise à en produire, et leur chameau, qui était faible et lent, a gagné en force et en vitesse.

Alors que le prophète Mohammed, la paix soit sur lui, était en train de jouer avec ses frères adoptifs, l'ange Jibril descendit dans une forme humaine. Les autres enfants le virent et coururent en hurlant de terreur vers Halima et son mari, croyant que le prophète Mohammed allait être enlevé. Le prophète Mohammed avait environ quatre ans à l'époque et avait peur. Pourtant, il n'a pas crié. L'ange Jibril le força à s'allonger sur le sol. Le Prophète Mohammed se débattit pour se libérer, mais l'ange Jibril le maîtrisait. Aussitôt, l'ange Jibril sortit un objet d'or avec un plateau d'or rempli d'eau Zam-Zam et commença à ouvrir sa poitrine et sortit son cœur pour le laver. L'ange Jibril sortit un caillot de sang noir et le jeta en disant : "Ceci appartient à Shaytan (le diable)". Il retira ainsi la source de tous les péchés, libérant le prophète Mohammed des mauvaises influences, puisqu'Allah, le Glorieux, voulait protéger le prophète Mohammed de Shaytan (Diable) et des péchés. Puis il le recousit.

Halima et son mari se précipitèrent vers le prophète Mohammed, qui était pâle de frayeur. Le mari de Halimah le rassura en le prenant dans ses bras et l'emmena se reposer. Aussitôt, ils réalisèrent que ce jeune garçon était spécial et décidèrent qu'il était préférable de le rendre à sa mère, Aminah, à la Mecque. Il vécut avec elle pendant une courte période, puis tristement, elle succomba à la maladie sur le chemin du retour de la ville de Yathrib, plus tard nommée Médine.

Son grand-père bienveillant, Abdul Muttalib, finit par l'élever pendant 2 ans. Il aimait le prophète Mohammed plus qu'il n'aimait ses propres enfants. Le prophète Mohammed, la paix soit sur lui, observait et apprenait de son grand-père ce que c'était que d'être le leader des Arabes, puisque ce dernier était le plus prestigieux et le plus haut des hommes de Quraish, la tribu au pouvoir et les gardiens de la Mecque.

À l'âge de 8 ans, le grand-père du prophète Mohammed décéda, et la charge du prophète fut transmise à son oncle Abu Talib, qui était le frère du père du prophète Mohammed. Son oncle l'aimait également et le préférait à ses enfants. Le fait d'être orphelin inculqua au prophète Mohammed la sagesse et l'aida à mûrir rapidement, et il apprit ainsi à être indépendant. Il vécut plusieurs épreuves et en tira des leçons, ce qui l'aida à se préparer à affronter la vie difficile et les batailles qu'il devait mener plus tard.

Le mariage du prophète Mohammed avec son épouse, Khadijah, la paix soit sur elle

Etant encore jeune, le prophète Mohammed travaillait comme berger pour les habitants de la Mecque, ce qui lui assurait un petit revenu, tout comme les prophètes du passé qui étaient bergers à leur époque. En travaillant comme berger, le prophète Mohammed acquit l'art de la patience et apprit à gérer des moutons aux personnalités différentes, ce qui aiderait un futur leader à aborder des personnes aux personnalités différentes. Le prophète Mohammed, la paix soit sur lui, n'a pas grandi comme beaucoup d'autres en consommant de l'alcool et autres substances néfastes pour l'âme ou le corps, et il n'a jamais vénéré d'idoles. Il grandit en se forgeant une réputation de personne honnête et digne de confiance. Au début de ses vingt ans, en raison de sa maturité et de son caractère, il fut invité à siéger au corps législatif de la tribu avec les leaders de la tribu. Il continua à travailler comme berger pour un plus grand nombre de personnes.

Khadijah, la paix soit sur elle, était la femme d'affaires la plus riche de La Mecque, ayant hérité de son mari, décédé, une grande fortune. Elle était connue pour sa pureté, sa noblesse, sa sagesse et sa fortune. Sa sœur possédait un troupeau de chameaux et engagea le prophète Mohammed, ainsi qu'une autre personne. À la fin du travail, la deuxième personne engagée avec le prophète Mohammed dit au prophète qu'ils devraient aller récupérer leur salaire. Le prophète Mohammed demanda s'il pouvait y aller sans lui puisqu'il était trop timide. Khadijah entendit sa sœur louer le prophète Mohammed pour sa noblesse, son intégrité, sa gentillesse, ses bonnes manières, sa timidité et d'autres bonnes qualités.

Comme Khadijah, la paix soit sur elle, était une femme, elle ne pouvait pas participer aux transactions et aux échanges en personne. Par conséquent, elle investissait dans des partenariats commerciaux en envoyant des hommes en Syrie et au Yémen en son nom et en leur rétribuant une partie des bénéfices. Pourtant, elle se retrouvait souvent avec moins de profits qu'elle n'aurait dû, puisque les hommes qu'elle avait engagés empochaient une partie des profits. Elle décida donc de faire appel au prophète Mohammed pour acheminer sa marchandise en Syrie, même s'il était sans expérience. Avant d'accepter ce travail, il demanda la permission à son oncle, qui accepta. Au retour du prophète Mohammed à La Mecque, elle remarqua que ses bénéfices et ses bénédictions étaient trois fois plus élevés qu'auparavant. Elle était très impressionnée par son personnage et son sens des affaires.

Le prophète Mohammed, la paix soit sur lui, se forgea une réputation d'homme honnête, fiable, modeste et de bon caractère, si bien qu'il était rare de retrouver ces qualités en un seul habitant de la Mecque à l'époque. Il était connu de sa communauté comme "le véridique, le digne de confiance" au point que tout le monde lui faisait confiance, même ceux qui ne l'aimaient pas.

Khadijah, la paix soit sur elle, était deux fois veuve, et plusieurs hommes de sa tribu l'avaient demandée en mariage, mais elle ne voulait accepter aucune proposition, et ne pensait plus à se remarier. Un vieil ami de Khadijah a abordé le prophète Mohammed et lui fit allusion au fait que Khadijah était intéressée à se marier avec lui. Khadijah était plus âgée que le prophète Mohammed, et ce dernier n'avait que 25 ans à l'époque. Le prophète Mohammed voulait épouser Khadijah, il demanda donc la permission à son oncle, lequel pensa que c'était une bonne idée en raison du caractère de Khadijah. Ils eurent un beau mariage plein d'amour et de complicité. Khadijah apportait tout son soutien au prophète Mohammed pendant ses années difficiles. Ils eurent six enfants ensemble ; trois garçons et trois filles. Tous les garçons décédèrent alors qu'ils étaient enfants.

Sa femme Khadijah, la paix soit sur elle, offrit au prophète Mohammed un jeune serviteur nommé Zaid qui fut introduit comme captif à la Mecque et vendu à Khadijah, la paix soit sur elle.

Quand le père de Zaid apprit que son fils Zaid était à la charge du prophète Mohammed, il se rendit à la Mecque pour proposer au prophète Mohammed une grosse somme pour son fils. Le prophète

Muhammad, paix soit sur lui, répondit au père de Zaid que si ce dernier acceptait de retourner avec lui, il le laisserait partir sans rien payer. Zaid préféra rester avec le prophète Mohammed parce qu'ils se sentaient très proches et que le prophète le traitait comme son propre fils. Aussitôt que le prophète Mohammed, la paix soit sur lui, apprit que Zaid avait choisi de rester, il le prit par la main, se dirigea vers la pierre noire de la Kaaba et annonça publiquement qu'il avait adopté Zaid. Le père de Zaid retourna chez lui, satisfait que son fils soit entre de bonnes mains et heureux.

Reconstruction de la Kaaba après le déluge

A l'âge de 35 ans, une inondation détruisit la Kaaba, et devait être reconstruite. Chaque tribu de la Mecque était responsable de la reconstruction d'une partie de la Kaaba. La pierre noire, un objet sacré envoyé du paradis à l'intérieur de la Kaaba, fut retirée pour la rénovation et devait être replacée dans la Kaaba. Les dirigeants de la Mecque restèrent en désaccord pendant 5 jours, au point de faire couler le sang, afin de décider quelle tribu allait avoir l'honneur de replacer la Pierre Noire à sa place initiale. Ils décidèrent alors que le prochain homme qui entrerait dans la ville choisirait qui devait remettre la Pierre Noire à sa place.

Cette personne s'est avérée être le prophète Mohammed, la paix soit sur lui. Au lieu de choisir une personne ou une tribu en particulier pour replacer la Pierre Noire à son emplacement d'origine, le prophète Mohammed, paix et salut sur lui, demanda un tissu dans lequel il plaça la Pierre Noire au centre et demanda au leader de chaque tribu de prendre un bout du tissu et de le porter ensemble jusqu'à la Kaaba. Ensuite, le prophète Mohammed, paix soit sur lui, remit la Pierre Noire de ses deux mains à sa place initiale, et tous les clans en furent satisfaits.

Ce moment fut une démonstration et un symbole de l'avenir du prophète Mohammed, paix soit sir lui, et de la manière avec laquelle il unifierait prochainement les tribus arabes sous le drapeau de l'Islam, tout comme il les a unifiées en ce moment sans aucun conflit ni bain de sang. Cela démontrait et symbolisait également que le prophète Mohammed, la paix soit sur lui, allait être celui qui redonnerait vie à la religion du prophète Ibrahim, la paix soit sur lui, après que cette dernière ait été décimée.

L'ange Jibril descend auprès du prophète Mohammed pour lui révéler les premiers versets du Saint Coran

A mesure que le prophète Mohammed, la paix soit sur lui, marchait, il entendait des rochers et des pierres le saluer. Le prophète Mohammed, la paix soit sur lui, faisait également des rêves agréables, qui se réalisaient à son réveil. Le prophète avait l'habitude de s'isoler dans une grotte du nom de Hira lorsqu'il sentait que quelque chose manquait dans sa vie. Bien qu'il ait été marié, qu'il ait eu des enfants, qu'il ait mené une vie agréable et qu'il ait eu un bon statut dans la société, il sentait que quelque chose lui manquait. Il était conscient que le fait d'avoir tout cela à lui seul ne procurait pas le bonheur. Il se rendait à la grotte Hira pour réfléchir à la vie, à cet univers et à ce monde. Il méditait, réfléchissait et se demandait comment adorer Allah.

À 40 ans, durant le mois de Ramadan, l'ange Jibril surprit le prophète Mohammed dans la grotte et lui demanda de lire, même s'il ne savait ni lire ni écrire. Le prophète Mohammed, la paix soit sur lui, répondit : "Je ne sais pas lire". L'ange Jibril serra alors le prophète Mohammed si fort qu'il en perdit toute son énergie. L'ange Jibril réitéra la demande deux autres fois, et le prophète Mohammed répondit pareil. L'ange Jibril serra à nouveau le prophète Mohammed fermement puis le relâcha. C'est à ce moment-là que la première récitation du Saint Coran fut révélée au prophète Mohammed à travers l'ange Jibril: "Lis au nom de ton Seigneur qui a créé - qui a créé l'homme à partir d'une adhérence. Lis! Ton Seigneur est le Très Noble - Qui a enseigné par la plume - a enseigné à l'homme ce qu'il ne savait pas' (Coran 96:1-5) Ce fut le début de la première révélation d'Allah le Glorieux envoyée à travers l'Ange Jibril à l'humanité jusqu'à la fin des temps.

Le prophète Mohammed, effrayé, se hâta de rentrer chez lui pour retrouver sa femme et lui demanda de le couvrir. Elle le couvrit rapidement d'un manteau. Après s'être un peu calmé, le prophète

Mohammed lui raconta ce qui s'était passé et lui dit qu'il avait peur. Elle lui répondit en réconfortant son mari avec la déclaration suivante : "Dieu ne t'humiliera jamais, car tu es bon envers ta famille, tu prends sur toi le fardeau des autres et tu aides les nécessiteux !".

Puis Khadijah emmena le Prophète Mohammed chez son cousin Waraqah, un érudit biblique de l'époque, et lui raconta ce qui s'était passé. Il réalisa alors que le Prophète Mohammed est le Prophète attendu que l'Évangile a prophétisé et conclut que celui qui a visité le Prophète Mohammed était bien l'Ange Jibril.

Le prophète Mohammed continuait à recevoir des Révélations jusqu'à la fin de sa vie. Ces Révélations ont été mémorisées et écrites par les compagnons du Prophète et ont été compilées plus tard pour composer le Saint Coran que nous avons aujourd'hui.

Le prophète Mohammed répand et prêche l'islam en secret, puis en public

Alors que le prophète Mohammed, la paix soit sur lui, se promenait, il entendit un bruit et leva les yeux au ciel. Il vit l'ange Jibril assis sur un trône dans les cieux et sur la terre. Le prophète Mohammed était à nouveau terrifié et se précipita chez sa femme pour lui demander de le couvrir. C'est alors que l'Ange Jibril lui révéla la deuxième Révélation du Saint Coran : *"Ô toi ! Le revêtu d'un manteau. Lève-toi et avertis, et de ton Seigneur célèbre la grandeur, Et tes vêtements, purifie-les. Et de tout péché, écarte-toi. Et ne donne pas dans le but de recevoir davantage. Et pour ton Seigneur, endure."* (Coran 74:1-7).

Au cours des trois premières années, le prophète Mohammed commença à diffuser le message de l'islam en secret, individuellement, à sa famille proche et à ses amis dont il pensait qu'ils seraient intéressés par l'islam - les libérant des pratiques de leurs ancêtres et du culte des faux dieux - et ne rendit pas encore le message public. Le prophète Mohammed, la paix soit sur lui, enseignait et prêchait qu'il n'existe qu'un seul véritable Dieu qui mérite d'être adoré et loué, et que tous les autres dieux, y compris les idoles, sont fallacieux et ne sont que des créations de Dieu, et non le véritable Créateur lui-même. Il leur expliquait que quiconque croyait en Dieu et menait une vie juste vivrait une vie agréable dans ce monde et se verrait accorder le Paradis dans l'au-delà, dans lequel il demeurerait pour toujours. Il avertissait également ceux qui ne croyaient pas en Dieu qu'ils mèneraient une vie déplorable dans ce monde et seraient sévèrement punis dans l'autre monde.

La première personne à accepter le message de l'Islam fut sa femme Khadija, ainsi que son cousin Waraqah. Le premier esclave à se convertir fut Zaid, le premier enfant à se convertir fut son cousin Ali bin Abi Talib, et le premier adulte libre à se convertir fut son meilleur ami Abu Bakr As-Siddiq, que la paix soit sur eux tous.

Après trois ans passés à essayer secrètement de répandre l'islam auprès de ses compagnons proches, le prophète Mohammed réussit à convertir 30 personnes. Puis Dieu ordonna au prophète de répandre le message de l'islam auprès des gens et de dénoncer l'idolâtrie et l'adoration des faux dieux parmi les habitants de la Mecque, puis plus tard de transmettre le message au-delà de la Mecque. Khadijah, la paix soit sur elle, appuya l'essor de l'Islam avec sa richesse en offrant de la nourriture, de l'eau et des médicaments aux musulmans.

Les adorateurs d'idoles de la Mecque persécutent et harcèlent les croyants

L e prophète Mohammed et ses premiers disciples, la paix soit sur eux, furent persécutés et harcelés par les adorateurs d'idoles de leur tribu, celle des Quraishi à la Mecque. Les adorateurs d'idoles les dénigraient, se moquaient d'eux et les ridiculisaient. Ils traitaient le prophète Mohammed de fou, de menteur, de sorcier, de magicien et de possédé par un djinn. Ils empêchaient le prophète Mohammed et les musulmans de prier à la Kaaba, la maison sacrée d'Allah, et les couvraient de saletés et de souillures lorsqu'ils priaient.

Ils ne pouvaient pas tuer le prophète Mohammed personnellement puisqu'il était le petit-fils d'Abdul Muttalib, lequel faisait partie des élites de la tribu des Banu Hashim, et il était de leur coutume stricte et de leur loi de protéger le sang noble.

Malgré toutes les moqueries, le prophète Mohammed continua de prêcher et de transmettre le message de l'Islam aux Arabes de la Mecque avec bienveillance. Il les a avertis que s'ils continuaient à vénérer d'autres dieux qu'Allah et à ne pas suivre le chemin d'Allah, ils subiraient un grave châtiment comme ce fut le cas des nations précédentes, qui avaient également désobéi à Allah et à ses messagers.

Les adorateurs d'idoles de la Mecque répondirent au prophète Mohammed que s'il était réellement un prophète de Dieu, pourquoi ne fendrais-tu pas la lune en deux, prouvant ainsi sa validité ? Le prophète Mohammed, la paix soit sur lui, répondit à son tour : si je réussis à faire cela avec la volonté de Dieu, croirez-vous alors que je suis un Prophète ? Ils répondirent tous, oui ! Le prophète Mohammed pointa alors du doigt la lune, et devant leurs yeux, celle-ci se fendit en deux. Toutefois, les adorateurs d'idoles de la Mecque se retournèrent avec arrogance, prétendant qu'il les avait aveuglés et qu'il les avait ensorcelés.

Et à mesure que le nombre de musulmans commençait à prendre de l'ampleur, les adorateurs d'idoles de Quraish commencèrent à s'alarmer et à craindre que leur pouvoir et leur prestige ne soient menacés. Ils étaient les gardiens des idoles de la Mecque et en recevaient de l'argent, un pouvoir qui était également menacé à présent que le prophète Mohammed et les musulmans prêchaient pour les détruire. Les non-croyants offrirent au prophète Mohammed de l'argent, des récompenses et une position élevée en tant que leader pour tenter de l'empêcher de répandre l'Islam, mais bien entendu, celui-ci les rejeta. Il n'était nullement intéressé par tout ceci et ne désirait que diffuser le message d'Allah auprès des peuples.

Les habitants de Quraish complotèrent pour empêcher les musulmans de prospérer en organisant une campagne d'opposition à grande échelle. Ils torturaient les membres de leurs familles qui acceptaient l'Islam comme religion et mode de vie.

Et à mesure que ces persécutions devenaient plus sévères et insupportables, certains musulmans décidèrent de se rendre en Abyssinie (Éthiopie) pour se réfugier dans le royaume du roi chrétien d'Abyssinie, qui était un roi juste et équitable prêt à accueillir les musulmans. Cette migration fut considérée comme la première Hijrah (migration) des musulmans. Plus tard, d'autres musulmans persécutés se joignirent à eux.

Les adorateurs d'idoles de la Mecque se prosternent devant Allah

Durant le mois de Ramadan, le prophète Mohammed récita la sourate An-Najm (le chapitre de l'étoile) du Saint Coran à une assemblée incluant des adorateurs d'idoles de haut rang de la tribu des Quraish à la Mecque. Les mots puissants d'Allah touchèrent le cœur des auditeurs, et les mécréants se sentirent submergés par l'émotion et ne purent s'empêcher de se prosterner inconsciemment. Les adorateurs d'idoles qui n'étaient pas présents furent bouleversés en apprenant ce qui s'était passé. Ceux qui s'étaient prosternés se virent obligés de proférer des mensonges sur ce qui s'était passé pour justifier leur prosternation.

La nouvelle fut considérablement exagérée et faussement rapportée aux musulmans qui avaient migré en Abyssinie, les amenant à penser que les adorateurs d'idoles de la Mecque avaient accepté l'Islam, ce qui les incita à retourner à la Mecque. En s'approchant de la Mecque, les musulmans découvrirent que cette rumeur n'était pas vraie. Une fois arrivés à La Mecque, certains des musulmans repartirent en Abyssinie. Il était plus difficile pour eux de fuir à nouveau vers l'Abyssinie à présent que les adorateurs d'idoles étaient plus avertis. Cette fois-ci, les musulmans ayant migré en Abyssinie étaient quatre fois plus nombreux que lors de la première migration.

Certains grands noms de La Mecque acceptèrent l'Islam, notamment Omar ibn Al-Khattab et Hamza ibn Abdul-Muttalib, l'oncle du Prophète, la paix soit sur eux deux. Et à mesure que le nombre de musulmans augmentait et que certains des grands noms se convertissaient à l'islam, les adorateurs d'idoles de La Mecque commencèrent à s'inquiéter encore plus. Après plusieurs tentatives visant à empêcher le prophète Mohammed et les croyants de répandre l'islam, et après avoir essayé de convaincre l'oncle du prophète, Abu Talib, qui avait élevé le prophète et occupait un rang élevé dans la tribu, de convaincre son neveu d'arrêter, les mécréants reprirent leurs anciennes méthodes de persécution et de torture des musulmans, plus sévèrement que la première fois.

Les adorateurs d'idoles de La Mecque se réunirent et décidèrent de n'impliquer aucun des musulmans dans tout mariage mixte ou dans toute activité commerciale, y compris Abu Talib, l'oncle du Prophète, même s'il n'avait pas accepté l'Islam - pour la simple raison qu'il n'avait pas accepté d'arrêter le Prophète Mohammed, la paix soit avec lui. Les musulmans furent obligés de se réfugier dans une vallée abandonnée pendant quelques années suite à ce boycott, puisque les adorateurs d'idoles de Quraish ne voulaient plus leur vendre de nourriture, d'eau et de vêtements. En s'installant dans la vallée abandonnée, ils n'avaient pas beaucoup de ressources, ce qui n'était pas facile. Plus tard, ils réussirent à retourner à la Mecque.

L'année du chagrin

L'année suivante, plusieurs malheurs se succédèrent et touchèrent le prophète Mohammed en l'espace de deux mois. L'oncle bien-aimé du prophète, Abu Talib, qui l'avait protégé contre ses ennemis, tomba malade et était sur le point de mourir. Alors qu'Abu Talib agonisait, le prophète Mohammed entra dans la chambre pendant qu'Abu Jahl, l'ennemi de l'Islam, était présent en compagnie d'un autre mécréant. Le prophète Mohammed dit à son oncle, Abu Talib : "Ô mon oncle, dis qu'il n'y a aucune déité digne d'être adorée autre qu'Allah !". À chaque fois qu'Abu Talib s'apprêtait à le dire, Abu Jahl lui disait : "Vas-tu abandonner la religion de ton père ?". Peu de temps après, Abu Talib décéda malheureusement sans se convertir à l'Islam.

Environ quarante jours après, la femme du Prophète, Khadijah, la paix soit sur elle, qui lui était d'un immense soutien, mourut également. Cette année fut surnommée l'année du chagrin, une année très dure et triste pour le Prophète, que la paix soit avec lui. Durant des mois, on n'a pas vu le prophète Muhammad sourire.

Plus tard, le prophète Mohammed et son fils adoptif Zaid se rendirent dans une ville appelée Taif pour répandre le message de l'islam et y trouver la protection ainsi que le soutien d'une autre ville, mais en vain. Ils furent également assaillis de pierres, en leur demandant de retourner à la Mecque. Ce fut le jour le plus difficile de la vie du prophète Mohammed.

Le prophète devait migrer vers une autre ville pour se protéger. Il contactait secrètement différentes tribus aux environs de la Mecque pour répandre le message d'Allah et chercher une tribu qui l'accueillerait sur ses terres et le soutiendrait. Le prophète Mohammed approcha cinq personnes de la ville de Yathrib (qui prendra plus tard le nom de Médine) et leur transmit le Message de Dieu. Ils regagnèrent ensuite leur ville et répandirent la nouvelle auprès des habitants qu'un prophète vu le jour au sein des Arabes, lequel appelait à Dieu et venait mettre un terme à l'adoration des faux dieux. Plus tard, le prophète Mohammed conclut un mariage avec Aïcha, que la paix soit sur elle.

Le voyage nocturne et l'ascension du prophète Mohammed

Au cours de la douzième année de la mission du prophète Mohammed, l'ange Jibril descendit vers le prophète et lui ouvrit à nouveau la poitrine pour en retirer son cœur et le laver - afin de le renforcer pour ce qu'il était sur le point de voir et d'expérimenter, à savoir le Voyage de nuit et l'Ascension (Isra wal Miraj en arabe). Le prophète Mohammed, la paix soit sur lui, entreprit un voyage nocturne du Masjid Al-Haram à la Mecque au Masjid Al-Aqsa à Jérusalem, sur une bête rapide, d'un blanc pur appelée Al-Buraq, en compagnie de l'Archange Jibril. Arrivés à destination, ils attachèrent la bête à un anneau situé à la porte de la mosquée. Le Prophète Mohammed fit deux rakaats et se retourna pour retrouver tous les Prophètes derrière lui. Il dirigea ensuite la prière avec les Prophètes.

Après avoir visité le Masjid Al-Aqsa, ils montèrent physiquement aux Cieux. L'ange Jibril accompagna le prophète Mohammed sur le même cheval jusqu'à ce qu'ils atteignent le premier ciel. Une fois devant le portail, l'Ange Gardien demanda : "Qui est là ? L'ange Jibril répondit : "C'est Jibril". Puis la voix demanda : 'Avec qui es-tu?'. Ce à quoi l'ange Jibril répondit, `Mohammad'. La voix demanda à nouveau : 'A-t-on fait appel à Mohammed ?'. L'ange Jibril répondit, 'Oui.' La voix finit ainsi : "Alors il est le bienvenu, quelle excellente visite !" Puis la porte s'ouvrit. Le prophète Mohammed y vit le prophète Adam au premier ciel. L'ange Jibril présenta le prophète Adam au prophète Mohammed, la paix soit sur eux deux. 'Voici ton père, Adam, envoie-lui tes salutations', dit l'ange Jibril au prophète Mohammed. Le prophète salua le prophète Adam. Le prophète Adam répondit par une salutation et dit : 'Tu es le bienvenu, ô fils et prophète pieux'.

Ensuite, l'ange Jibril et le prophète Mohammed se rendirent au deuxième ciel, puis au troisième, puis au quatrième, cinquième, sixième et septième ciel, où ils virent et saluèrent d'autres prophètes de Dieu, notamment le prophète Jean (Yahya), et Jésus (Issa), Joseph (Youssouf), Enoch (Idriss), et Aaron (Haroune), Moïse (Moussa) et Abraham (Ibrahim), que la paix soit sur eux tous.

Ensuite, le prophète Mohammed fut emmené à Sidrat-al-Muntaha, l'arbre sacré aux fruits aussi grands que des cruches, et aux feuilles aussi grandes que des oreilles d'éléphant. On lui montra également Al-Bait-al-Ma'mûr (la maison la plus fréquentée), située au-dessus de la Ka'ba au septième ciel, où un groupe de 70 000 anges en font le tour, repartent et ne reviennent jamais. Ils seront suivis par le groupe suivant de 70 000 anges et continueront ainsi jusqu'au jour du jugement. Le prophète Mohammed, la paix soit sur lui, fut ensuite présenté à la Présence Divine d'Allah, le Glorieux, où Allah nous ordonna les cinq prières quotidiennes. Après le retour du prophète Mohammed, la paix soit sur lui, certains crurent à son histoire, puisqu'ils étaient bien conscients de la puissance et du pouvoir de Dieu, et certains ne le crurent pas et se moquèrent de lui, notamment l'un des plus grands ennemis de l'Islam, Abu Jahl.

Les musulmans migrent vers la ville de Médine

Plus tard, les habitants de Yathrib, qui avaient parlé au prophète Mohammed l'année précédente, s'étaient convertis à l'islam et revinrent vers le prophète Mohammed, lui promettant de le soutenir, et l'invitèrent dans leur ville, invitation que le prophète Mohammed accepta. Le prophète Mohammed, la paix soit sur lui, avait de la famille dans la ville de Yathrib et y avait voyagé avec sa mère lorsqu'il était plus jeune, juste avant qu'elle ne décède. À présent que les musulmans avaient un endroit où vivre sans être persécutés, un grand nombre d'entre eux migrèrent vers Yathrib, qui prit plus tard le nom de Médine. Une centaine de familles migrèrent discrètement de la Mecque à Médine en secret. Un grand nombre des musulmans qui s'étaient rendus en Abyssinie auparavant avaient également migré à Médine. Le Prophète, son cousin Ali et son ami Abu Bakr restèrent à la Mecque en attendant. Le Prophète attendait les instructions de Dieu avant de partir.

Les adorateurs d'idoles de la Mecque craignaient de voir grandir et se renforcer la puissance des musulmans. Ils les considéraient comme une menace pour leur religion et commencèrent à réfléchir à des moyens pour tuer le Prophète Mohammed, la paix soit sur lui, même si cela allait à l'encontre de leurs lois, puisqu'il était interdit de tuer un membre de son propre sang - surtout dans la terre sacrée de la Mecque. Chaque tribu envoya un de ses jeunes hommes à la maison du Prophète pour le tuer. Puis l'ange Jibril fut envoyé au prophète Mohammed pour lui faire savoir ce que les adorateurs d'idoles de la Mecque complotaient. L'ange Jibril informa également le Prophète qu'Allah lui avait permis de quitter la Mecque. Les ennemis du prophète encerclèrent sa maison, mais Allah leur couvrit les yeux et les aveugla, laissant le prophète Mohammed s'échapper tout en récitant des versets du chapitre Yassine du Saint Coran. Le prophète Mohammed et son compagnon Abu Bakr s'enfuirent dans une grotte du nom de Thor, où ils passèrent 3 jours.

Les adorateurs d'idoles engagèrent quelqu'un pour suivre les traces du prophète Mohammed afin de savoir où il était allé. Cette personne les a conduits à la grotte où ils se trouvaient. Les adorateurs d'idoles envoyèrent ensuite leurs troupes à la grotte, avec la présence d'Abu Jahl. Le compagnon du Prophète, Abu Bakr, chuchota au Prophète Mohammed qu'il leur suffirait de regarder en bas, pour les apercevoir. Le prophète répondit alors : "Ô Abu Bakr, que penses-tu de deux campagnons dont Allah est le troisième ?". Les adorateurs d'idoles de la Mecque ne parvinrent pas à retrouver le prophète Mohammed et son compagnon. Ils partirent ensuite et offrirent à quiconque trouvera le prophète Mohammed et son compagnon cent chameaux - et les ramènent morts ou vivants. Mais le prophète Mohammed et son compagnon Abu Bakr réussirent à s'enfuir à Médine.

À son arrivée à Médine, la première mission du prophète Mohammed fut de construire une mosquée appelée Masjid Quba à l'endroit même où sa chamelle s'était agenouillée. Il s'agissait d'un terrain appartenant à deux orphelins, et le prophète Mohammed décida de l'acheter à ces derniers. Le prophète Mohammed aida ses compagnons à construire cette mosquée en portant des briques et des pierres tout en récitant des versets du Saint Coran. Assisté par Dieu et guidé par le Coran, le prophète Mohammed, la paix soit sur lui, enseigna et prêcha le mode de vie islamique à ses compagnons à Médine. Il était leur guide, leur enseignant, leur juge, leur consolateur, leur arbitre, leur conseiller et la figure paternelle de la nouvelle communauté de Médine.

La migration des musulmans vers Médine est connue sous le nom de "Hijra" en arabe et a été adoptée plus tard comme le début du calendrier musulman. Ceux qui ont quitté la Mecque pour Médine se sont vus attribuer le titre de Muhajireen (les migrants). Les musulmans qui vivaient à Médine et qui ont accueilli et aidé les migrants ont reçu le titre "d'Ansar" (les assistants). Le prophète Mohammed, la paix soit avec lui, conclut un pacte de solidarité religieuse mutuelle entre les deux groupes de musulmans.

Deux tribus arabes gouvernant Médine, du nom des Aws et des Khazraj - qui ne cessaient de se faire la guerre depuis de nombreuses années, et dont beaucoup de leurs aînés étaient morts - parvinrent rapidement à faire la paix quand le prophète Mohammed arriva dans leur ville. Le prophète Mohammed se mit à conclure des traités avec les autres tribus vivant autour d'eux. Ainsi, il conclut un pacte entre toutes les tribus de Médine, y compris les tribus juives et les tribus adoratrices d'idoles vivant dans la région, selon lequel celles-ci s'entraideraient pour défendre la ville contre toute attaque. Pour la toute première fois, les musulmans avaient leur propre État.

Environ un an et demi après la migration des musulmans à Médine, la Qibla (la direction dans laquelle les musulmans prient) a été modifiée après que le prophète Mohammed, la paix soit sur lui, ait fait un dua (supplication de prière) à Allah, le Glorieux, pour changer la direction du Masjid Al-Aqsa vers la Kaaba.

La bataille de Badr - soutenue par les anges

Au cours de la deuxième année de la migration des musulmans vers Médine, les adorateurs d'idoles de la Mecque entreprirent une série de mesures hostiles contre les musulmans vivant à Médine. Ils envoyèrent des hommes pour détruire les arbres fruitiers des musulmans et enlever leurs troupeaux. Très vite, Dieu autorisa le prophète Mohammed et les musulmans à riposter pour se protéger, eux et leurs familles, après avoir été victimes de l'oppression des adorateurs d'idoles, qui les avaient chassés de leurs maisons à la Mecque et leur avaient refusé leurs libertés et leurs droits fondamentaux. Le prophète Mohammed et les musulmans décidèrent de préparer leur armée.

Une troupe d'environ 1 300 hommes des adorateurs d'idoles de la Mecque marchèrent aux ordres de leur chef Abu Jahl, le grand ennemi de l'Islam, vers Médine et les musulmans pour les attaquer. Le prophète Mohammed, la paix soit sur lui, avait envoyé des éclaireurs et avait appris que leurs ennemis étaient en route pour les tuer.

Quelques 313 des musulmans se rassemblèrent dans les plaines de Badr, situées près de la mer entre La Mecque et Médine, avec uniquement soixante-dix chameaux et trois chevaux. Ils faisaient monter leurs hommes à tour de rôle puisqu'ils n'avaient pas assez de chameaux. Cette bataille fut connue sous le nom de bataille de Badr puisqu'elle se déroula dans la vallée de Badr. Les deux armées s'affrontèrent au cours du mois de Ramadan. Le prophète Mohammed, la paix soit sur lui, passa toute la nuit en prière et en supplication à Dieu, le Très Miséricordieux, pour que sa petite armée musulmane ne soit pas abattue. Au moment où les deux armées se rencontrèrent dans la vallée de Badr, Allah, le Glorieux, apporta son soutien aux musulmans en envoyant 1 000 Anges pour combattre à leurs côtés. Avec l'aide des Anges que Dieu envoya, les musulmans réussirent à vaincre les adorateurs d'idoles.

La bataille prit fin avec la fuite des adorateurs d'idoles de la Mecque au prix de lourdes pertes. Plusieurs de leurs chefs et leaders furent tués, dont Abu Jahl. Soixante-dix des adorateurs d'idoles de la Mecque avaient péri, et seuls 15 musulmans moururent en martyrs. Les adorateurs d'idoles virent également 70 des leurs capturés comme prisonniers de guerre, lesquels restèrent entre les mains des musulmans. Ils furent traités avec beaucoup de bienveillance, puisque le prophète Mohammed avait reçu l'ordre strict de traiter les prisonniers de guerre avec bonté, même s'ils essayaient de les tuer. À cette époque, il était impensable de traiter les prisonniers de guerre de cette manière. Les musulmans demandaient aux prisonniers de guerre de chevaucher leurs animaux pendant qu'ils marchaient. Ils partageaient également leur nourriture avec les prisonniers de guerre, même s'ils en avaient que très peu.

La répartition du butin de guerre suscita quelques divergences entre les musulmans. Le prophète Mohammed prit position et le répartit équitablement entre son peuple. Plus tard, une révélation du Coran descendit, déterminant comment diviser le butin de guerre à l'avenir. La religion islamique comptait de nouveaux convertis à Médine et prenait de l'ampleur.

Après la bataille de Badr, un groupe d'hypocrites émergea. En effet, à la Mecque, il n'y avait aucune raison pour qu'une personne se conduise en hypocrite prétendant être musulman, puisque l'Islam était à ses débuts et qu'il était encore affaibli et opprimé. Seule une personne sincère et authentique se convertirait à l'islam. Mais plus tard, lorsque les musulmans migrèrent vers Médine et que l'Islam se développa en nombre et en puissance, quiconque ne se déclarerait pas musulman serait marginalisé au sein de la société et appartiendrait à une minorité. Ainsi, un groupe qui continuait toujours à vénérer les idoles et ne croyait pas ou ne se préoccupait pas du message de l'Islam, n'avait pas d'autre choix que de prétendre qu'il était musulman, même si au fond, il ne l'était pas. Certains prétendaient être musulmans pour des avantages politiques et économiques. Les hypocrites haïssaient le prophète Mohammed et l'islam parce qu'ils dirigeaient la ville de Yathrib et qu'ils furent obligés d'abandonner le leadership quand le prophète Mohammed et l'islam surgirent dans leur ville.

La bataille de Ouhoud - Les archers musulmans quittent leur poste

La bataille de Badr laissa les adorateurs d'idoles de la Mecque affligés de leur perte, et ces derniers ne cherchaient plus qu'à se venger des musulmans. Un peu plus tard, une autre bataille opposa les adorateurs d'idoles de la Mecque aux musulmans, du nom de bataille d'Uhud, une colline située à environ 4 miles au nord de la ville de Médine. Cette fois, les adorateurs d'idoles furent mieux préparés pour attaquer et vaincre les musulmans. Les adorateurs d'idoles rassemblèrent une armée de 3 000 hommes, 200 chevaux, et même deux douzaines de leurs femmes sous la direction de leur chef actuel, Abu Sufyan. Les musulmans étaient moins nombreux avec environ 1 000 hommes et un seul cheval. Peu de temps avant la bataille, 300 hypocrites abandonnèrent les musulmans, de sorte que le nombre de soldats musulmans descendit à 700 hommes au lieu de 1 000.

Le prophète Mohammed proposa aux musulmans de rester dans la ville pour y accueillir les adorateurs d'idoles puisqu'ils étaient en infériorité numérique, mais certains de ses compagnons leur conseillèrent de sortir affronter les adorateurs d'idoles.

Le prophète Mohammed et les musulmans firent leurs prières le matin, puis se dirigèrent vers les plaines pour se préparer à la bataille. Une fois arrivés sur le lieu de la bataille, le prophète Mohammed positionna certains de ses hommes de manière à ce qu'ils aient le dos tourné vers la colline. Le prophète Muhammad plaça ensuite cinquante archers musulmans au sommet de la colline, derrière les troupes musulmanes, pour empêcher les adorateurs d'idoles de cerner les musulmans, et pour qu'ils puissent avoir une bonne visibilité de loin. Le prophète Mohammed, la paix soit sur lui, ordonna aux archers musulmans au sommet de la colline de ne pas quitter leur poste quoi qu'il arrive, même s'ils voyaient les adorateurs d'idoles s'enfuir, et il fut très strict et clair à ce sujet.

Peu après, les musulmans prenaient du terrain, et il semblait que la bataille était gagnée. Les archers musulmans au sommet de la colline virent que les adorateurs d'idoles fuyaient le champ de bataille et avaient laissé certaines de leurs possessions derrière eux. Les archers musulmans au sommet de la colline se demandèrent s'ils devaient descendre et prendre ce que les adorateurs d'idoles avaient laissé derrière eux. Le chef des archers musulmans que le prophète Mohammed avait désigné leur demanda : "Avez-vous oublié ce que le prophète Mohammed nous a dit ?".

Cinquante archers musulmans ayant reçu l'ordre de ne pas quitter leur poste le firent, à l'exception de dix d'entre eux. Cela permit aux adorateurs d'idoles de la Mecque de reprendre du terrain, d'escalader la colline, d'attaquer les musulmans, de les encercler et de les surprendre par l'arrière, créant ainsi un désordre total qui se solda par la défaite des musulmans.

Le prophète Mohammed, la paix soit sur lui, rappela ses compagnons, mais seuls douze hommes restèrent avec le prophète. Le prophète Mohammed fut assailli par des pierres, blessé au visage par deux flèches, et perdit connaissance. Environ soixante-dix ou soixante-quinze des musulmans périrent dans cette bataille, et parmi eux se trouvait l'oncle du Prophète, Hamza, que la paix soit avec eux tous. Parmi les adorateurs d'idoles, vingt-deux hommes trouvèrent la mort.

La trahison des tribus juives de Médine

Après que les musulmans aient perdu la bataille d'Uhud, ces derniers furent traités différemment par les tribus juives et arabes de Médine. La tribu juive des Banu Qaynuqa renforça son hostilité envers les musulmans. Ils répondirent au prophète Mohammed, la paix soit sur lui, lorsqu'il vint leur rappeler leur traité, de ne pas se laisser duper par leur victoire lors de la bataille de Badr contre les adorateurs d'idoles de Quraish, puisqu'ils ne maîtrisaient que peu l'art de la guerre. Ils ajoutèrent également que si les musulmans les avaient combattus, ils auraient eu un aperçu de ce qu'était réellement une guerre et de la violence de leur ennemi. Ils violèrent également le traité avec les musulmans en tuant un musulman sur la place du marché. Le prophète Mohammed, la paix soit sur lui, mit donc fin au traité avec eux et les expulsa de la ville en leur donnant trois jours pour rassembler leurs affaires et partir.

Une autre tribu juive de Médine du nom de Bani Nadhir mit également fin à son traité avec les musulmans en tentant de tuer le prophète Mohammed, la paix soit sur lui, en lui demandant de s'asseoir à un endroit particulier où ils essayèrent de faire tomber un énorme fragment du mur d'une forteresse. Mais l'ange Jibril révéla au prophète Mohammed ce qu'ils complotaient, et il se leva. Le prophète Mohammed n'avait d'autre choix que d'expulser cette tribu juive de Médine également pour leurs mauvaises intentions et leur trahison. Le prophète Mohammed leur demanda de prendre tous leurs biens et de quitter la ville, ce qu'ils firent et s'installèrent dans une ville voisine nommée Khaybar.

La bataille de la Tranchée

Peu après, la tribu juive des Bani Nadhir, expulsée de ses foyers à cause de ce qu'elle avait fait aux musulmans, a voulu récupérer les terres qu'elle avait perdues et a voulu anéantir les musulmans. Ils ont commencé à recruter et à négocier des alliances avec d'autres tribus, y compris les adorateurs d'idoles de la Mecque. Ils ont également négocié avec les musulmans hypocrites pour les aider à attaquer les musulmans. Les ennemis de l'islam se rendirent également auprès de la plus grande tribu bédouine de la région et lui offrirent la moitié de ses récoltes à Khaybar pendant un an en guise de paiement si elle acceptait de les rejoindre dans la bataille, ce qu'elle accepta.

La cinquième année de la migration des musulmans vers Médine, Abu Sufyan, le chef des non-croyants, partit avec 10 000 hommes de différentes tribus. C'était la plus grande armée jamais vue dans la péninsule arabique à l'époque. Les musulmans ne disposaient que de 2 500 à 3 000 hommes, et étaient donc une fois de plus largement dépassés en nombre.

Cette bataille a été appelée la bataille d'Al-Ahzab, qui se traduit par la bataille des confédérés ou des groupes, car différents groupes d'ennemis de l'islam se sont réunis pour attaquer les musulmans. Cette bataille est également connue sous le nom de "bataille de la tranchée".

Les musulmans avaient besoin d'un plan pour se défendre contre les ennemis de l'islam. L'un des compagnons, Salman le Perse, la paix soit sur lui, a suggéré de creuser un profond fossé autour de la ville, rendant difficile le passage aisé des ennemis. Ils n'avaient pas besoin de creuser à travers toute la ville, car une partie de la ville de Médine était couverte de formations rocheuses volcaniques, de montagnes, de maisons serrées les unes contre les autres et de grandes plantations de dattiers, ce qui rendait impossible le passage de grandes armées. Creuser une tranchée était une technique utilisée par les Perses, et les Arabes n'y connaissaient rien.

Tous les musulmans, y compris le prophète Mohammed et les enfants, ont travaillé ensemble pour creuser les tranchées en utilisant seulement une pelle chacun. La tranchée faisait environ treize pieds de large et deux kilomètres de long, et son exécution a pris une à deux semaines. Une fois la tranchée creusée, ils ont attendu l'arrivée des ennemis. Lorsqu'ils sont arrivés, les ennemis de l'islam ont vu le fossé et ont été surpris. Les ennemis de l'Islam ont réalisé qu'ils ne pourraient pas sauter par-dessus le fossé avec leurs animaux en raison de sa largeur, et qu'ils ne pourraient pas non plus descendre le fossé avec leurs animaux. Ils devaient descendre le fossé individuellement, en prenant le risque d'être facilement atteints par les musulmans pendant qu'ils descendaient.

Les ennemis de l'islam ont campé dans leurs tentes à l'extérieur des tranchées pour discuter de leur prochaine action. Ils décidèrent alors d'envoyer quelqu'un auprès de la tribu juive vivant à l'intérieur de Médine pour lui demander de les rejoindre et de les aider à attaquer les musulmans de l'intérieur. La tribu juive vivant à l'intérieur a tout d'abord refusé en raison de leur traité avec les musulmans. Mais après avoir été séduits, ils ont accepté de se joindre aux ennemis et d'attaquer les musulmans de l'intérieur pendant que les autres attaquaient les musulmans de l'extérieur.

Lorsque les musulmans ont appris que la tribu juive de l'intérieur avait trahi les musulmans, ils ont paniqué et ont été terrifiés car ils étaient sur le point d'être attaqués à la fois de l'intérieur et de l'extérieur de la ville. Le prophète Mohammed, la paix soit sur lui, a envoyé toutes les femmes et les enfants dans la maison d'un des compagnons qui était aveugle.

Puis Dieu, le Tout-Puissant, fit tomber des vents violents, une tempête de sable, qui n'avait jamais frappé la ville de Médine comme cela auparavant. Les pots de nourriture des ennemis ont été projetés et renversés partout, et il est devenu très difficile de voir quoi que ce soit. Les ennemis n'avaient d'autre choix que de fuir, ce qu'ils firent, et ils furent vaincus sans guerre. Les musulmans ont ensuite éliminé la tribu juive des Banu Qurayza qui avait trahi les musulmans et qui vivait dans la ville de Médine.

Le traité de Houdaybiyyah

Le prophète Mohammed a fait un rêve dans lequel il se voyait entrer à La Mecque sans opposition, faire le tawaf (tour de la Kaaba) en ihram et se raser les cheveux. Il a interprété ce rêve comme signifiant qu'il allait accomplir la Omra (petit pèlerinage). Le prophète Mohammed et 1 400 de ses compagnons partirent donc pour accomplir la Omra à La Mecque.

Alors que le prophète Mohammed et ses compagnons étaient en route pour accomplir la Omra, à leur approche, ils furent avertis que les adorateurs d'idoles de Quraish avaient juré d'empêcher le prophète Mohammed et les musulmans d'entrer à La Mecque. Le prophète Mohammed décida de faire un détour, en prenant une autre route pour contourner les troupes de Khalid bin Waleed. Dieu le Tout-Puissant fit alors en sorte que le chameau du prophète campe dans une plaine appelée Hudaybiyyah.

Le prophète Mohammed envoya un émissaire aux adorateurs d'idoles de la Mecque pour leur faire savoir qu'ils étaient ici pacifiquement en mission pour la Omra. Les adorateurs d'idoles de la Mecque ont également envoyé des émissaires aux musulmans. Puis le prophète Mohammed envoya Uthman Bin Affan en raison de sa parenté avec les chefs des Quraish de la Mecque. Uthman Bin Affan négocia avec Abu Sufiyan et d'autres chefs des adorateurs d'idoles de la Mecque. La réunion prit plus de temps que prévu. Puis des rumeurs commencèrent à se répandre selon lesquelles Uthman Bin Affan avait été assassiné. Le prophète Mohammed, qui était assis sous un arbre, et les musulmans firent le serment d'aller à la Mecque pour se venger, et quoi qu'il arrive, ils ne fuiront pas. Peu de temps après, ils découvrirent qu'Uthman Bin Affan n'avait pas été tué.

Bientôt, le prophète Mohammed expliqua aux adorateurs d'idoles de Quraish qu'ils n'étaient venus que pour accomplir le pèlerinage et n'avaient aucune intention de se battre. Après avoir négocié de part et d'autre, la trêve de Hudaybiyyah a été signée par les deux groupes. Le traité entre les musulmans et les adorateurs d'idoles de Quraish à la Mecque stipulait qu'il n'y aurait pas de combat entre les deux parties pendant dix ans. Et si une autre tribu d'Arabie souhaite faire allégeance aux musulmans ou aux adorateurs d'idoles de Quraish, elle peut le faire. Aucune partie n'est autorisée à attaquer l'autre partie, y compris les tribus qui adhèrent au traité. Le traité stipule également que le prophète Mohammed et les musulmans doivent retourner à Médine sans accomplir la Omra et qu'ils pourront accomplir le pèlerinage de la Omra l'année suivante et y rester pendant trois jours. Le traité stipulait également que si quelqu'un quittait la Mecque pour aller à Médine, il serait renvoyé à la Mecque, même s'il se convertissait à l'Islam. Mais si un musulman quitte Médine pour aller à la Mecque, il n'a pas besoin d'être renvoyé.

Les compagnons n'apprécièrent pas les termes du traité, car il leur semblait défavorable, et ils furent déçus. Pourtant, le Prophète accepta, honora et respecta le traité. Certains des compagnons s'adressèrent au prophète Mohammed, la paix soit avec lui. Ils lui demandèrent : "Où est la victoire qui nous a été promise ?" et on lui demanda : "N'as-tu pas dit que nous allions accomplir le pèlerinage ?", ce à quoi le prophète Mohammed, la paix soit avec lui, répondit : "Oui, mais je n'ai jamais dit que c'était cette année".

Pendant le voyage de retour de Hudaybiyyah, Dieu le Tout-Puissant révéla un chapitre du Saint Coran intitulé "Al-Fath (la victoire)". Dieu a révélé que cette trêve était en effet une grande victoire pour les musulmans. Grâce à ce nouveau traité, la religion de l'islam a pu s'épanouir dans la péninsule arabique et se répandre rapidement. Les musulmans sont passés de 1 400 hommes lors de ce rassemblement à 10 000 hommes, deux ans plus tard, pour libérer La Mecque. Beaucoup de bonnes choses se sont produites au cours des deux années qui ont suivi la signature de ce traité. Les musulmans ont pu éliminer d'autres menaces, notamment la tribu de Khaybar. Les musulmans ont également combattu les Romains, la superpuissance du monde de l'époque. Le prophète Mohammed, la paix soit avec lui, a également envoyé des lettres aux rois au-delà de l'Arabie, les appelant à l'islam, y compris le roi de Perse, le Négus d'Abyssinie, l'empereur de Byzance, le gouverneur d'Égypte, et bien d'autres - les invitant à se soumettre à l'islam.

La conquête de La Mecque

A
u cours de l'année ou des deux années suivantes, différentes tribus environnantes ont rejoint soit le camp des musulmans, soit celui des adorateurs d'idoles de la Mecque. Une des tribus qui a rejoint le côté des adorateurs d'idoles était la tribu de Bakr, et une des tribus qui a rejoint le côté musulman était la tribu de Banu Khuza'ah. Ces deux tribus ne s'appréciaient pas et avaient une histoire de guerre entre elles.

La tribu de Bakr, du côté des adorateurs d'idoles, a demandé la permission aux adorateurs d'idoles de la Mecque s'ils pouvaient attaquer et confisquer les biens de la tribu de Khuza'ah, même si cela allait à l'encontre du traité. Les adorateurs d'idoles de la Mecque l'ont permis et leur ont même fourni quelques armes pour gagner une part des profits qu'ils allaient confisquer. Les adorateurs d'idoles de la Mecque conseillèrent à la tribu de Bakr d'attaquer la tribu de Khuza'ah au milieu de la nuit, afin que personne ne puisse les voir et que les musulmans ne le découvrent pas.

Après l'attaque, la nouvelle est parvenue au prophète Mohammed et aux musulmans. Les adorateurs d'idoles devinrent nerveux et décidèrent d'envoyer leur chef Abu Sufyan pour parler au prophète Mohammed, la paix soit sur lui, et demander que le traité existant soit renouvelé. Cependant, le prophète Mohammed, la paix soit sur lui, ne lui a pas assuré que le traité était toujours valide, car ils avaient rompu le traité.

Après cet événement, le prophète Mohammed, la paix soit sur lui, et les musulmans ont levé une grande armée de 10 000 hommes pour attaquer par surprise les adorateurs d'idoles de la Mecque pour ce qu'ils avaient fait. Lorsque les musulmans sont arrivés à la Mecque, les habitants de la Mecque étaient submergés et incapables de combattre les musulmans. Le prophète Mohammed, la paix soit sur lui, ne les a pas combattus et a offert la sécurité à tous ceux qui ne se battaient pas. Il a annoncé aux habitants de la Mecque que quiconque resterait dans la Kaaba, dans leurs maisons ou dans la maison d'Abu Sufiyan - leur chef qui a fini par se convertir à l'islam - serait en sécurité.

Le prophète Mohammed, la paix soit sur lui, est entré à la Mecque la tête baissée en signe d'humilité, sa tête touchant le dos de son chameau. Il a également fait le tour de la Kaaba. Le prophète Mohammed et les musulmans, paix sur eux, ont conquis la ville de La Mecque dans une bataille sans effusion de sang. Ce fut la fin de nombreuses années de persécution.

Le prophète Mohammed, la paix soit avec lui, rassembla les habitants de la Mecque et leur demanda : "Après tout le mal que vous avez fait, que pensez-vous que je doive vous faire ?". Ils ont demandé le pardon et le prophète Mohammed, la paix sur lui, a répondu par la même phrase que le prophète Joseph a dite à ses frères : "Aucun blâme ni aucun mal ne vous sera fait aujourd'hui, Allah vous pardonnera. Ensuite, le prophète Mohammed, la paix soit sur lui, a libéré les habitants de la Mecque pour qu'ils suivent chacun leur chemin.

Il a ensuite ordonné la destruction de toutes les idoles de la Kaaba, et a participé à la destruction des 360 idoles. Le prophète Mohammed, la paix soit sur lui, désignait une idole et elle tombait au sol. La Kaaba a été purifiée de toutes les idoles. Le prophète Mohammed a ensuite ordonné à Bilal, la paix sur lui, qui avait une voix mélodieuse et puissante, d'appeler l'Adhan - qui est devenu le premier Adhan de l'histoire de l'Islam depuis la Kaaba - proclamant l'adoration du Seul et Unique Dieu.

Le Hajj d'adieu

Après la conquête de La Mecque, le prophète Muhammad et nombre de ses compagnons retournèrent à Médine. C'était la neuvième année de l'Hégire, connue sous le nom de " l'année des délégations ", car chaque tribu de la péninsule arabique envoyait un groupe de représentants pour saluer le prophète Mohammed et lui déclarer son allégeance et son engagement envers lui. Le prophète Mohammed et ses compagnons, la paix soit sur eux, ont accueilli les groupes de représentants dans la mosquée du prophète à Médine. Les représentants de chaque tribu ont entendu la récitation du Saint Coran, ont regardé les compagnons prier et ont appris l'Islam du Prophète Muhammad, la paix soit sur lui.

Beaucoup de représentants ont cru au message immédiatement et étaient satisfaits, et certains n'ont pas accepté aussi facilement que les autres. Les représentants des tribus retournèrent auprès de leur peuple, les appelant à accepter l'Islam, leur enseignant ce qu'ils avaient appris et leur disant qu'ils devaient se débarrasser de toutes leurs idoles. Finalement, toute la péninsule arabique avait accepté l'islam.

La 10e année de l'Hégire, Allah, le Glorieux, a révélé l'ordre d'accomplir le Hajj pour ceux qui en étaient capables. Le prophète Mohammed, la paix soit sur lui, annonça qu'il allait accomplir le pèlerinage du Hajj à la Mecque. Des foules de gens - des dizaines de milliers de personnes venues de partout - l'ont rejoint. C'était le plus grand rassemblement de la péninsule arabique à l'époque.

Tout au long du pèlerinage du Hajj, le prophète Mohammed a prononcé plusieurs sermons, dont le célèbre sermon principal - le jour d'Arafat depuis la plaine d'Arafat (Mont de la Miséricorde). Il y déclarait l'égalité et la solidarité entre tous les musulmans et leur rappelait tous les devoirs que l'islam leur avait imposés. Il a interdit de voler, de tuer des gens, de participer à des intérêts, et plus encore. Il a ordonné à tous d'être bons et justes envers leurs épouses et leurs femmes. Il leur a transmis les célèbres paroles suivantes : "Il n'y a pas de supériorité d'un Arabe sur un non-arabe, ni d'un non-arabe sur un Arabe, ni d'un blanc sur un noir, ni d'un noir sur un blanc, si ce n'est par la taqwa (piété, crainte de Dieu et concision de Dieu)".

Il leur a dit qu'il y a deux choses auxquelles s'ils s'accrochent, ils ne s'égareront pas - et c'est le Livre d'Allah ; le Saint Coran et la Sunnah ; les enseignements du dernier et ultime Prophète, Mohammed, la paix soit sur lui. Il leur a rappelé qu'ils retourneraient un jour devant leur Seigneur, qui les jugerait en fonction de leurs actes. À la fin, il leur a demandé : "N'ai-je pas transmis le message ?". Les compagnons répondirent : "Oui !" Le prophète Mohammed leva les mains en l'air, regarda le ciel et dit trois fois : "Ô Allah, tu es témoin !

Le prophète Mohammed retourne à Médine et s'éteint

Seu après, le prophète Mohammed, la paix soit sur lui, retourne à la ville de Médine. Le prophète Mohammed a reçu sa dernière révélation de Dieu. Maintenant que la foi de l'islam était bien établie parmi son peuple et sa communauté, sa mission touchait à sa fin.

Peu de temps après, le prophète Mohammed, paix sur lui, tomba malade pendant 10 à 12 jours environ, sa fièvre s'aggravant dans la maison de sa femme Aïcha, paix sur elle, la mère des croyants. Son corps devenait chaud, et Aïcha, la paix soit sur elle, récitait le Coran et le rafraîchissait avec une serviette humide.

Il s'éteint alors tristement sur les genoux de sa femme, Aïcha, la paix soit sur elle. Ses compagnons étaient sous le choc et très tristes de cette tragédie. Il a été enterré à l'endroit exact où il est mort, et ses compagnons ont prié pour lui individuellement.

Aujourd'hui, des millions de musulmans se rendent à Médine et adressent leurs salutations à notre prophète béni. Dans le saint Coran, Dieu déclare qu'il n'a envoyé le prophète Mohammed, la paix soit sur lui, que par pure miséricorde pour l'humanité. Son rôle de chef de l'État islamique a été repris par Abu Bakr, la paix soit sur lui.

Nous vous encourageons à consulter les différents articles et vidéos présentés sur le blog The Sincere Seeker sur https://www.thesincereseeker.com ou sur la chaîne YouTube de The Sincere Seeker. Nous vous encourageons également à vous abonner à la Newsletter et à la chaîne YouTube, afin d'être informé lorsqu'une nouvelle publication ou une nouvelle vidéo est disponible.

Pour toute question ou tout commentaire, contactez The Sincere Seeker à l'adresse hello@thesincereseeker.com.

www.ingramcontent.com/pod-product-compliance
Lightning Source LLC
Chambersburg PA
CBHW061326120626
46546CB00007B/2701